Heinz Falkenberg

# Zur Geschichte des letzten Obotritenfürsten Niklot, seiner Söhne und der alten Slawenburg Dobin

Impressum

Heinz Falkenberg

**Zur Geschichte des letzten Obotritenfürsten Niklot, seiner Söhne und der alten Slawenburg Dobin**

ISBN 978-3-95655-856-6 (Buch)
ISBN 978-3-95655-857-3 (E-Book)

Gestaltung des Titelbildes: Ernst Franta

Satz: MEDIENAGENTUR - Franta, 93462 Lam, Siedlerweg 5
www.medienagentur-franta.de · mail@medienagentur-franta.de



Druck & Bindung:
Conte Verlag GmbH
Am Rech 14
66386 St. Ingbert
Tel: +49 6894 166 41 63
E-mail: info@conte-verlag.de

Bei Fragen zur Produktsicherheit wenden Sie sich an
ralfjordan@geschichtlicher-buechertisch.de

Imprint des Geschichtlichen Büchertisches Ralf G. Jordan,
Bischof-Wedekin-Str. 14, 31162 Bad Salzdetfurth
Tel.: 05064-9609641
E-Mail: ralfjordan@geschichtlicher-buechertisch.de
Internet: https://geschichtlicher-buechertisch.de

EDITION digital

# Vorwort

Diese Broschüre dient der Verbreitung und Vertiefung historischer Kenntnisse über die um Schwerin zwischen dem 7. und 12. Jahrhundert ansässigen Slawenstämme, insbesondere über die Obotriten und ihren letzten Fürsten Niklot.

Insbesondere soll sie an ein Ereignis zu erinnern, welches sich im Jahre 1147 abspielte. In der Region um den Schweriner See kam es zu Kämpfen zwischen den christlichen Heeren des Sachsenherzogs Heinrich des Löwen, den Dänen und den noch heidnischen Obotriten unter ihrem Fürsten Niklot um den damaligen Slawenstaat der Obotriten und um die Burg Dobin. Es war der Beginn einer politischen und kulturellen Umwälzung, die die Region bis in die Gegenwart beeinflusste.

Der Kulturverein Sagenland MV e.V. hat es sich zur Aufgabe gemacht, das mit dem Namen Niklot verbundene geschichts- und sagenträchtige Areal im nordwestlichen Teil des Schweriner Sees für Touristen und Einheimische durch die Gestaltung des sogenannten Niklot-Wanderpfades erlebbar zu machen.

Heimatverband
Mecklenburg-Vorpommern e.V.

Für seine Unterstützung danken wir dem Heimatverband Mecklenburg-Vorpommern e.V.

Kulturverein Sagenland Mecklenburg-Vorpommern e.V.

Im Namen des Vorstandes des Kulturvereins Sagenland
Gottfried Holzmüller

# 1. Der Stamm der Obotriten in Mecklenburg

Seit dem 6. Jahrhundert n. Chr. breiteten sich von Osten kommend, slawische Völker, ursprünglich aus dem Gebiet des Schwarzen Meeres stammend, in der Region Ostdeutschlands aus. Die ehemals dort wohnenden germanischen Stämme waren überwiegend zwischen dem 1. und 4. Jahrhundert im Zuge der Völkerwanderung nach Süden in Richtung auf das Römische Reich abgewandert. In mehreren Wellen drangen in den folgenden Jahrhunderten die Slawen in die zumeist unbewohnten Gebiete vor, gründeten Siedlungen und machten das Land urbar. Sie begannen, Keramiken herzustellen, hielten an der Religion ihrer Vorfahren fest und errichteten neben ihren Wohnburgen und Dörfern erdgebundene Fluchtburgen zum Schutz der Bewohner vor feindlichen Angreifern.

Im Verlauf der Entwicklung bildeten sich einzelne Stämme der Slawen heraus, welche von deutscher Seite oftmals als Wenden bezeichnet wurden. Diese Stämme wurden von Fürsten und lokalen Adligen geleitet. Basis ihrer Herrschaft waren Burganlagen als Wohnbereiche, zu denen jeweils eine Reihe von Dörfern in der Umgebung der Burgen gehörte.

In der Region um den Schweriner See hatte sich der slawische Stammesverband der Obotriten angesiedelt. Die Fürsten dieses Stammes hatten ihren Hauptsitz auf der Feste mit deutschem Namen Mecklenburg (auch Mikelenburg, Michelenburg, aus dem Altslawischen übersetzt: Große Burg), heute die historische Burganlage bei dem Ort Dorf Mecklenburg. Im 12. Jahrhundert gehörte das Areal von Lenzen an der Elbe bis nach Kessin an der Warnow sowie von der Ostseeküste in südlicher Richtung bis um die Region Parchim zum Obotritenreich. Die Abbildung 1 zeigt das Verbreitungsgebiet der Obotriten.

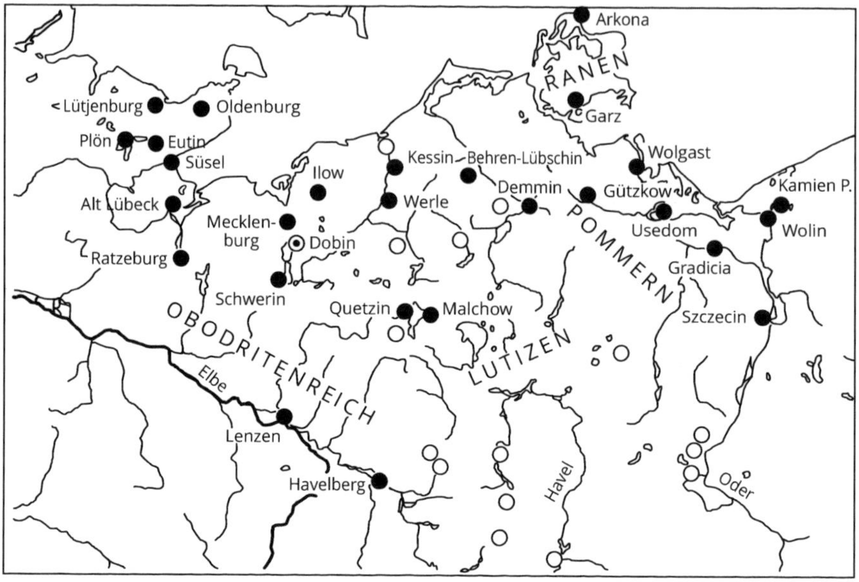


*Abb. 1: Karte des obotritischen Herrschaftsgebietes (Ettel)*

Zum Zeitpunkt seiner höchsten Entwicklung wurde der Obotritenstaat von einem Gesamtherrscher, dem Knese, geführt, welcher auch manchmal von deutschsprachigen Historikern als dux (Fürst) oder rex (König) bezeichnet wurde. Ihm stand jeweils eine Gruppe von Adligen als Führungskräfte zur Seite. Diese meist kleine, eng begrenzte Gruppe von Adligen besaß größere Burgen und Burgbezirke (Burgwarde) und war mindestens mit der Großfürstenfamilie des Königs verwandt. Diesem Umstand verdankten sie auch ihre hervorgehobene Stellung im Land. Einige von ihnen herrschten dabei über Teilstämme[1].

Westlich des Obotritenreiches hatte sich im heutigen Niedersachsen ein sächsisch-christliches deutsches Herzogtum gebildet. Das Bestreben der sächsischen Herzöge, ihren Machtbereich auszudehnen, richtete sich vor allem gegen die Ländereien der Slawen. Im Jahre 1142 wurde im Sachsenland der noch junge Welfenherzog Heinrich zum Herrscher erhoben, welcher später aufgrund seiner Aktivitäten den Beinamen „Heinrich der Löwe“ erhielt.

Nördlich des Obotritenlandes regierten dänische Könige, welche ebenfalls schon in ihren Reichen das Christentum angenommen hatten. Zeitweilig gehörten Dänemark, Schweden, Schleswig-Holstein und Gebiete an der heutigen deutschen Ostseeküste zu ihrem Einflussbereich.

Die östlichen und südlichen Nachbarn der Obotriten waren wiederum Slawen, zu denen vor allem der Stammesverband der Lutizen, zuvor oft als Wilzen bezeichnet (u. a. mit den Stämmen der Kessiner, Zirzipanen, Tollenser und Redarier), die Linonen und Brizanen sowie die Pommern zählten. Mit dem Obotritenland gab es zeitweilig Gemeinsamkeiten, aber immer wieder auch kriegerische Auseinandersetzungen

Es war keine ruhige Zeit für die Obotriten. Immer wieder kam es zu Kämpfen und Zwistigkeiten mit den Nachbarn, besonders mit

---

[1] Escher, F.: Zur politischen Geschichte der Slawen zwischen Elbe und Oder vom 10. bis zum 12. Jahrhundert. In: Slawen und Deutsche zwischen Elbe und Oder. Austellungskatalog, Berlin, 1983

den Sachsen und Dänen, aber auch mit anderen slawischen Stämmen. So wechselten in diesen unruhigen Zeiten auch immer wieder die genauen Grenzziehungen und Gebietszuordnungen.

Der Gesamtherrscher der Obotriten wurde im Allgemeinen von einer Volks- oder Adelsversammlung nach dem Tod des letzten Herrschers aus dem Kreis des hohen Adels, meist aus den Reihen seiner Verwandten, gewählt. Ihm waren die Starosten und Zupane als Burgwardhäuptlinge untergeordnet. Sie waren seine Beamten geworden. Mit der Zeit entwickelte sich eine feste Erbfolge, bei der die Macht vom Vater auf den Sohn oder auf die nächsten Verwandten übertragen wurde. In allen größeren Burgen stand dem Knese ein Quartier zu. Er war oberster Richter und führte bei Gerichtsverhandlungen in wichtigen Fällen selbst den Vorsitz. Bei Verhandlungen mit anderen Herrschern und bei Kriegsgefahren traf der Gesamtherrscher die Entscheidungen, führte den Heerbann an und kämpfte in Kriegen selbst mit.

Die slawischen Stämme selbst haben keine Schriften und Chroniken hinterlassen. So waren Erkenntnisse der Historiker über die Obotriten meist nur aus deutschen und dänischen Quellen zu gewinnen. Aus diesen Aufzeichnungen ergab sich, dass bereits im Jahre 804 der Obotritenfürst Witzan Verbündeter Kaiser Karls des Großen war, ihm gegenüber aber auch als tributpflichtig galt. Seit dieser Zeit hatten fränkische Könige bzw. Kaiser, später auch sächsische Fürsten, zwar weitgehende Befugnisse bei der Einsetzung eines Herrschers der Obotriten und mussten ihn formell bestätigen, doch handelten die Obotritenfürsten überwiegend selbstständig.

Als Hauptsitz des Gesamtherrschers der Obotriten wurde seit jeher die Mecklenburg angesehen. Ein weiterer großer Fürstensitz des Stammes stand in Oldenburg in Wagrien (Ostholstein). Das Ansehen des obotritischen Herrschers war bereits im 10. Jahrhundert unter dem Fürsten Nakon so gewachsen, dass ihn der damalige arabische Reisende Ibrahim ibn Jakub mit polnischen, böhmischen und bulgarischen Herrschern in die Gruppe der bedeutenden Fürsten einreihte.

Wenn ein Fürst eine neue Burg errichten wollte, dann geschah das nach Ibrahim ibn Jakub (um 973) wie folgt: *Wenn die Wenden eine Burg errichten wollen, dann suchen sie einen Wiesenboden, der reich an Wasser und Riedgras ist, und stecken da einen runden oder viereckigen Platz ab, nach der Form und dem Umfang, den sie der Burg geben wollen. Dann graben sie um denselben einen Graben und häufen die ausgegrabene Erde auf. Mit Brettern und Balken wird diese Erde so fest zusammengestampft, bis sie die Härte von Pisee (Stampfbau) erreicht hat. Sobald die Mauer bis zu der beabsichtigten Höhe aufgeführt ist, wird an der Seite, welche man dazu auserwählt, ein Tor abgemessen und von diesem aus eine hölzerne Brücke über den Graben gebaut.*

*Abb. 2: Modell einer Burganlage (Keiling)*

Durch die damals noch häufigen großen Sümpfe führte vom festen Land aus zu den Burgen oft nur ein Bohlenweg, der leicht zu verteidigen war. Kasemattenartige Höhlen im inneren Wall dienten neben Holzgebäuden als Wohnungen für die Herren, für die Knechte und Diener sowie als Wirtschaftsgebäude. Bekannte Hauptburgen waren bei den Obotriten u.a. die Mikelenburg (Mecklenburg), die Burgen Schwerin, Dobin, Ilow und Werle. Sie bildeten zum Zweck der Landesverteidigung eine Art Burgwall-linie, wie es bei den Obotriten öfter anzutreffen war.

Über Jahre hinaus hielten die slawischen Bewohner an ihren heidnischen Traditionen fest. Im 8. und 9. Jahrhundert unserer

Zeitrechnung waren zumindest in der Führungsschicht der Obotriten die Kenntnisse über die christliche Religion durch Handel, Kriege und Diplomatie hinreichend bekannt. Schon seit der Zeit Kaiser Karls des Großen (König des Fränkischen Reichs von 768 – 814, Kaiser seit 800) gab es oftmals Bestrebungen, das Christentum in den Slawengebieten zu verbreiten. So haben immer wieder christliche Missionare aus dem Sachsenland und aus Dänemark versucht, den Slawen das Christentum nahezubringen. Doch gelang dies nur in geringem Umfang.

Für das Landschaftsbild der Slawenzeit in Mecklenburg-Vorpommern ist das Vorherrschen von Waldungen, Mooren und Sümpfen charakteristisch. In den Waldungen wuchsen vor allem Eichen, Buchen und Schwarzerlen. Die nördliche Zone des Landes war ein fast zusammenhängendes Wildnisgebiet, welches nur sporadisch von meist kleinen Kultur- und Siedlungsinseln durchsetzt war. Im nördlichen Teil waren besonders die schwereren Böden verbreitet, welche die Slawen aufgrund ihrer meist hölzernen Pflüge nicht so erfolgreich beackern konnten und deswegen wenig besiedelten. Kulturell besser aufgeschlossen und besiedelt waren bei den Obotriten dagegen der mehr sandigere Süden und Südwesten des Landes. Landeinwärts war das Gebiet des Obotritenstaates aber noch weithin versumpft und mit flachen Seen bedeckt. Moore, Brüche, Sümpfe und Gewässer waren für den mecklenburgischen Raum charakteristisch.

Die Slawen hatten ein reiches Naturgefühl, wie viele Orts- und Flurnamen zeigten. So sind auch heute noch altslawische Ortsnamen in großer Zahl erhalten: Flessenow (Sumpfort, Ort am

Sumpf), Ilow (Lehmort), Lankow (sumpfiger Ort), Schwerin (Tierort), Thurow (Auerochsenort), Vippernitz und Vipperow (Eberort), Teterow, (Auerhahnort), Liessow (Fuchsort), Dambeck und Damm (Eichenort), Liepen und Liepz (Lindenort), Bobitz (Bohnenort), Viecheln (Dorf im Gebüsch/Gestrüpp) und Kleinen (Ort im Winkel). Viele Ortsnamen im slawischen Bereich entstanden aber auch in Anlehnung an slawische Personen, welche einst dieses Dorf gründeten oder beherrschten, so u.a. Rubow (Ort des Ruba) und Schlagsdorf (Ort des Slawik).

Den Gegnern nötigten die Slawen durch ihre zähe Ausdauer, ihre große Genügsamkeit, aber auch durch ihre Freiheitsliebe Achtung ab. *Alles Elend achten sie gering der teuren Freiheit gegenüber. Es ist nämlich dieser Menschenstamm abgehärtet und scheut keine Anstrengung; gewöhnt an die dürftigste Nahrung, halten die Slawen das als Genuss, was den Unsern als sehr beschwerlich erscheint,* so schilderte der Corveyer Mönch Widukind (um 925 – nach 973) die Wenden.

Immer wieder wird berichtet, dass die slawischen Menschen einen intensiven Kontakt zu ihren heidnischen Göttern hielten und diese hoch verehrten. In den Dörfern und Familien verehrte man eine Vielzahl lokaler Götter, deren Wohlwollen und Hilfe in den verschiedenen Lebensbereichen, zu Gefahrenzeitpunkten und Jahreszeiten erfleht wurde. In den Fluren der Burgbezirke wurden Tempel und heilige Haine zu Ehren bestimmter Gottheiten angelegt. In ihnen wurden auch blutige und unblutige Opferungen vorgenommen. Thietmar von Merseburg (975 – 1018) schrieb in seiner Chronik: *Jeder Gau dieses Landes hat seinen Tempel*

*Abb. 3: Doppelköpfige Götterfigur aus Eiche (Schuldt)*

*und sein besonderes von den Ungläubigen verehrtes Götzenbild.* Anfangs haben die Westslawen ihre Götter in heiligen Hainen und an besonderen Opferstätten verehrt und ihnen Opfer dargebracht. In jungslawischer Zeit sind dann auch Tempelbauten und Götterstatuen aus Holz errichtet worden, wie sie auf der Fischerinsel im Tollense-See (Abb. 3) gefunden wurden.

Hauptgott der Obotriten und Lutizen war in historischer Zeit der Gott „Radegast“ mit dem Haupttempelort in Rethra. Ursprünglich wurde er als Sonnengott mit einem weißen Ross verehrt. Späterhin wurde er auch als Kriegsgott dargestellt und soll bei den Obotriten in jedem Burgbezirk einen Tempel gehabt haben. Den Göttern waren Priester geweiht, die in besonderer Form Opfer darbrachten oder Entscheidungen der Götter an die Gläubigen übermittelten. Wichtige Entscheidungen wurden oft durch Pferdeorakel festgelegt, wie sie auch von Arkona und anderen Stätten bekannt sind.

*Abb. 4: Leben in einem Slawendorf (Keiling)*

Die eingewanderten Obotriten befanden sich in der Phase des Übergangs von der Urgesellschaft zur Feudalherrschaft. Ihr genauer Status kann nur annähernd beschrieben werden.

Die slawischen Dörfer waren auf das engste verbundene Wirtschaftsgemeinschaften, ursprünglich Geschlechtsverbände. Verwandte Familien besetzten eine geeignete neue Flur und siedelten sich darauf zu einem Dorf an, wobei jedes selbstständige Familienoberhaupt ein besonderes Gehöft errichtete. Bei den Neugründungen wurden meist Rundlingsformen für die Dörfer bevorzugt. Die einzelnen Gehöfte gruppierten sich um einen kreisrunden oder ovalen Platz mit Anger, Teich und Linden. Zum Anger führte nur eine Straße, die der Zu- und Abfahrt diente. Hinter den Gehöften befanden sich Gärten und dahinter die Feldmark. Die Bevölkerungszahl eines slawischen Dorfes war meist dem Territorium angepasst, das für die Ernährungssicherung dieser Personen ausreichte. Der Acker wurde anfangs gemeinschaftlich urbar gemacht und unter Leitung ihres Ältesten bearbeitet, der Ertrag geteilt. Es wurde aber auch teilweise die Flur schon so aufgeteilt, dass zu jedem Gehöft ein bestimmter Acker kam. Später wurde der Acker fester Besitz einzelner Familien (Abb. 4).

Den größten Teil der slawischen Bevölkerung bildeten Bauern, Handwerker und Händler, die in den Dörfern wohnten. Städte existierten im Obotritenland noch nicht. Die Adelsschicht mit dem Gesamtherrscher an der Spitze lebte vor allem von den Abgaben der Bauernschaft und von Kriegsgewinnen. Daneben gab es zahlreiche Sklaven, zum Teil Kriegsgefangene und Knechte, die vor allem zur Landarbeit eingesetzt wurden.

Immer wieder gab es seit der Einwanderung der Obotriten Kämpfe mit benachbarten Slawengruppen bzw. mit benachbarten deutschen oder dänischen Herrschern. Dabei waren jahrzehntelang sowohl die Obotriten als auch die anderen Völker in wechselnden Abständen die Angreifer. Die Slawen waren so auch gezwungen, ihre Grenzen durch Kämpfe und Verträge zu sichern. In manchen Perioden wüteten die Grenzkämpfe oft jahrzehntelang. Es gab ebenso längere Friedenszeiten, aber die Dorfbewohner waren sicherlich an Flucht vor angreifenden Kriegern gewöhnt. Fluchtburgen oder Verstecke in den häufig noch undurchdringlichen Wald- und Moorgebieten wurden ständig genutzt und von der Bevölkerung instandgehalten.

Die waffenfähigen Männer trafen sich unter Führung der Dorfältesten oder von Adligen auf festgelegten Stellplätzen, von wo aus sie zum Lager des Kriegsführers stießen. Die Bewaffnung der Dorfleute bestand aus Speer, Schild, Schwert und Bogen mit entsprechenden Pfeilen. Sie waren Fußkämpfer. Die Adligen und ausgewählte Kämpfer waren beritten und trugen im Allgemeinen auch Helme und Brustpanzer. Die schnellen Reitergruppen waren es vor allem, welche blitzartige Angriffe ausführen konnten. Bei der Belagerung von Burgen waren die Slawen schon in der Lage, Belagerungsmaschinen einzusetzen. Als Feldzeichen führten die Krieger Paniere mit Göttern oder Göttinnen oder heilige Lanzen mit sich. Sie rückten bei Feldschlachten unter Posaunenschall voran. Die Obotriten nutzten die Vorteile ihrer Region beim

Kampfeinsatz. Sie unternahmen gerne Überraschungsangriffe und vermieden nach Möglichkeit offene Feldschlachten. Vor überlegenen gegnerischen Kräften zogen sie sich dann in Gebiete mit undurchdringlichen Wäldern, Seen und Mooren zurück, wo ihnen der Gegner nur schwer folgen konnte. Von dort aus griffen sie dann oft wieder überraschend an.

## 2. Der Obotritenfürst Niklot und sein Wirken

Von dem uns heute noch namentlich gut bekannten Obotritenfürsten Niklot ist wenig über seine Herkunft bekannt. Wahrscheinlich stammt er aus dem seit Längerem regierenden slawischen Fürstengeschlecht der Nakoniden. Sein Name wird erstmals in deutschen Annalen erwähnt, als die obotritischen Slawen unter ihren Führern Niklot und Pribislav im Jahre 1129 versuchten, sich gegen den damaligen dänischen Oberherrn Knud aufzulehnen. Beide wurden aber bei den Kämpfen von den Dänen gefangen genommen und mussten lange Zeit, mit eisernen Handfesseln gebunden, im dänischen Gewahrsam verbleiben. Die Abbildung 5 zeigt die beiden Slawenfürsten, wie sie sich der Historiker Nikolaus Marschalk (1460er Jahre – 1525) um 1520 vorstellte. Erst später wurden beide gegen erhebliche Geldzahlungen und nach der Stellung von Geiseln freigelassen. Unter dem deutschen Kaiser Lothar III. (König 1125 – 1137, Kaiser seit 1133) wurde die Herrschaft der Deutschen im südlichen Dänemark und im Land der Obotriten gegenüber den Dänen und Slawen wiederhergestellt, das galt auch für das Reich Niklot.

Die beiden Fürsten teilten danach die Herrschaft im Obotritenland untereinander auf. Während Niklot das Kerngebiet, das zentrale mecklenburgische Land sowie die besetzten Gebiete der Zirzipanen und Kessiner als Herrschaftsbereich zufiel, erhielt Pribislav die Herrschaft über die Länder Wagrien (Ostholstein) und Polabien (Ratzeburg). Beide mussten aber wiederum die Oberhoheit der sächsischen Herzöge anerkennen, waren von ihnen abhängig und hatten an sie Tribute zu zahlen. Beide

Fürsten sperrten sich aber gegen die Einführung des Christentums und suchten derartige Versuche zu verhindern.

*Abb.5: Die Obotritenfürsten Niklot und Pribislav (Marschalk)*

Auch nach dem Tod des Kaisers Lothar im Jahre 1137 verhinderten die Fürsten der Obotriten weitere deutsche Missionsbestrebungen und ließen, wie etliche Herrscher vor ihnen, wiederum die entstandenen Kirchen in ihrem Einflussbereich zerstören.

Man muss sich den Fürsten Niklot als umsichtigen, klugen Heerführer vorstellen, welcher im Interesse seines Volkes an den slawischen Gottheiten festhielt (Abb. 6). Seine Ausbildung als Krieger und Führer machte es ihm möglich, Situationen schnell einzuschätzen und in seinem Interesse darauf zu reagieren. Er kannte ebenso die Stärken und Schwächen seiner Nachbarn gut und richtete seine Regierungspolitik weitgehend darauf aus. Als Kriegsherr beherrschte er auch die notwendigen Erfordernisse der Heerführung und -planung. Er wusste aber, dass seine eigenen Mittel und Kräfte kaum ausreichten, um vor allem gegenüber den Sachsen eine selbstständige und unabhängige Stellung zu behalten. Aus diesem Grunde unterwarf er sich der Lehnshoheit des Sachsenherzogs, zahlte die geforderten Tribute und versuchte zumindest feste Verbindungen zu Ministerialen aus dem Sachsenland aufzubauen, um seine Stellung und seinen Staat gegenüber der sächsischen Herrschaft zu behaupten. Niklot scheint auch die Sprache der Sachsen beherrscht zu haben, wie man aus einigen Quellen vermuten kann.

Es war aber ein Merkmal dieser Zeit, dass Rechtsstreitigkeiten und Zwiste mit gewaltsamen Mitteln ausgetragen wurden (Abb.6). So ist es für diese Zeit nicht verwunderlich, dass unterschiedliche Ansichten besonders zwischen den Obotriten und den Sachsen immer wieder zu Kriegen führten, um ihre angenommenen Rechte durchzusetzen, wie es immer wieder auch bei Niklots Reaktionen auf Zwistigkeiten geschah. Von friedlichen Zeiten kann kaum die Rede sein.

*Abb.6: Fürst Niklot als Reiterstandbild am Schweriner Schloss (Standbild von Christian Genschow, 1855)*

Wie groß die Gefahr der Einverleibung des Slawenlandes durch die Sachsen und Dänen war, zeigten die folgenden Entwicklungen. Im Jahre 1142 wurde der junge Sachsenherzog Heinrich von Kaiser Friedrich I. (Barbarossa) als Herzog des Sachsenlandes eingesetzt. Nach anschließenden Kämpfen um die westlichen Obotritengebiete, die der Sachsenherzog siegreich beendete und wonach er diese Ländereien in seinen Besitz nahm, übertrug Heinrich die Grafschaft Holstein mit Wagrien an den Grafen Adolf von Schauenburg als Lehen und löste es damit aus dem Obotritenland aus. Gleichzeitig erhielt Heinrich von Badewide vom Herzog das vormals obotritische Land Polabien mit Ratzeburg als Lehen zugewiesen. Damit annektierte Heinrich also einen großen Teil des Obotritenlandes und gliederte ihn dem Sachsenherzogtum an. In der Folge nutzten deutsche und flämische Siedler in großer Zahl das Angebot, in diesen Gebieten ansässig zu werden. Und sie verdrängten nach und nach die slawische Bevölkerung. Damit war ein beträchtlicher Teil des Obotritenreiches für die Slawen verloren.

## 3. Das verhängnisvolle Jahr 1147 – Vorbereitungen zum Kreuzzug

Das Obotritenreich unter dem Knesen Niklot bestand noch weiterhin selbstständig in unmittelbarer Nachbarschaft der Sachsen, auch wenn es diesen tributpflichtig war. Niklot musste ständig auf der Hut sein, um nicht ein ähnliches Schicksal zu erleiden, wie er dies bei Wagrien und Polabien erlebt hatte, denn der junge Sachsenherzog Heinrich wusste, welche wirtschaftlichen und finanziellen Möglichkeiten das Slawenland ihm noch boten, wenn er es ganz unter seine Herrschaft bringen würde. Heinrich hatte sich das Ziel gesetzt, seine Herrschaft bis zur Peene auszudehnen. Er war begierig, dieses Land zu erobern, um seine wirtschaftlichen Möglichkeiten und damit seine Einnahmen zu erhöhen.

Fürst Niklot hatte in dieser Zeit ein gutes Verhältnis zum sächsischen Grafen Adolf aufgebaut. Er beriet sich häufig mit ihm über die politische Lage und pflegte mit ihm ein freundschaftliches Verhältnis. Doch die Ruhe und das friedliche Verhältnis waren trügerisch.

Im Jahre 1145 eroberten die Türken die letzte christliche Stadt Edessa in Mesopotamien, vernichteten damit die Stellung der dort ansässigen christlichen Herrscher und verringerten den christlichen Einflussbereich weiter. Doch nach wie vor war von christlicher Seite der Behalt Jerusalems als Stätte, wo das Christentum seinen Anfang nahm, besonders wichtig. Und deshalb erließ Papst Eugen III. gleich danach einen Aufruf zu einem neuen

Kreuzzug nach Palästina für alle christlichen Länder, um das Land zurückzuerobern, da dort die Kirche in höchster Gefahr sei.

Die Sachsen aber weigerten sich, an dieser Fahrt teilzunehmen, da ja noch, wie sie erklärten, viele Heiden in ihrer nächsten Nähe, im Slawenland, lebten und getauft werden müssten. Sie sähen es als wichtiger an, einen Kreuzzug in das Slawenland statt in das Heilige Land zu machen.

*Abb. 7: Der Zisterzienserabt Bernhard wirbt zusammen mit Kaiser Konrad III. im Jahr 1147 für den Kreuzzug (Fresko im Frankfurter Kaiserdom)*

Auf den Rat des Kaisers und vieler Fürsten und mit Einwilligung des Papstes entschloss man sich deshalb, neben dem Kreuzzug in das Morgenland einen Kreuzzug auch gegen die Heiden im Slawenland vorzubereiten. Dazu wurde im März 1147 auf einem

Reichstag in Frankfurt ein Aufruf des Papstes verlesen, der den Kaiser Konrad III., die Geistlichkeit und die Fürsten zum Kreuzzug in das Slawenland aufrief. (Abb. 7) Besonders die wortgewaltige Rede Bernhards von Clairvaux, des obersten Abtes der Zisterzienser, für diesen neuen Kreuzzug in das Slawenland wurde mit einer solchen Begeisterung aufgenommen, dass man ihn sogar auf den Schultern aus dem Saal trug, wie die Abbildung zeigt.

Das religiöse und kirchliche Ziel des Zuges in das Slawenland war es, alle Heiden zu taufen und im Land kirchliche Institutionen zu schaffen und so das gesamte Land der christlichen Herrschaft zu unterstellen. Für die Teilnahme am Kreuzzug versprach der Papst allen Beteiligten einen vollen Ablass: *Er verhieß allen am wendischen Kreuzzug Teilnehmenden den Ablass ihrer Sünden, dazu jedem Gefallenen den Eingang in das Himmelreich, eh noch sein Blut kalt geworden* wäre. Selbst die Tötung eines Heiden war aus christlicher Sicht besser, als ihn ungetauft leben zu lassen!

Aber seit dem Jahr 1107 galt neben dem Auftrag der Christianisierung auch das Versprechen eines materiellen Lohnes für die Beteiligten am Kreuzzug. Im Aufruf der Bischöfe und weltlichen Fürsten für einen Kreuzzug heißt es: *Wenn die Kreuzfahrer es wünschten, könnten sie das beste Land zum Siedeln erwerben. Zwar seien die Heiden schlimm, ihr Land jedoch reich gesegnet mit Fleisch, Honig und Mehl. Und Gott soll deshalb den Kreuzfahrern Willen und Kraft geben, diese unmenschlichen Heiden zu bekehren und in allem guten Erfolg zu haben!* Diesem Verlangen nach Bekehrung der Heiden und dem Angebot der Inbesitznahme des Slawenlandes entsprach damals auch ein zunehmend großer Landhunger der an Zahl zunehmenden Bevölkerung. Entsprechend haben sich viele Ritter und landlose Bauern an dem Kreuzzug beteiligt, um so leichter gutes Land zu erwerben.

Fürst Niklot und den Seinen blieb die Vorbereitung des Kreuzzuges gegen sein Land natürlich nicht verborgen. Um diese Gefahr abzuwenden, sandte Niklot Boten an den befreundeten Grafen Adolf, mahnte ihn an das Bündnis, das sie geschlossen hatten und bat um eine Unterredung, damit dieser dazu beiträgt, den Kreuzzug zu verhindern und die Ergebenheit Niklots gegenüber dem Herzog darzulegen. Aber Graf Adolf musste im Auftrag des Herzogs und der Kirche dieses Ansinnen ablehnen. Wie es überliefert ist, ließ der Obotritenfürst danach durch seine Abgesandten dem Grafen ausrichten: *Ich wollte dein Auge und dein Ohr im Wendenlande sein, das du angefangen hast zu bewohnen, damit dir kein Leid von den Wagriern widerfährt, die es inne gehabt, und die der Meinung sind, sie seien mit Unrecht des Erbes ihrer Väter beraubt. Warum verleugnest du in der Gefahr deinen Freund? Bisher habe ich die Wenden abgehalten, dir zu schaden, von jetzt an will ich meine Hand zurückziehen und dich dir selbst überlassen.* Nach der ablehnenden Haltung des Sachsen konnte der Niklot ahnen, was ihn und sein Volk erwartete, wenn es zum Kreuzzuge käme.

Als er merkte, dass der beschworene Feldzug unwiderruflich war, rüstete er als strafende Gegenmaßnahme heimlich eine Kriegsflotte aus, fuhr mit ihr über die Ostsee zur Mündung der Trave, um die Handelsstadt Lübeck und ganz Wagrien zu verderben. Am 26. Juni 1147 griffen Niklots Krieger die Stadt Lübeck an. Mehr als 300 Männer wurden beim Angriff getötet und viele Kaufmannsschiffe samt ihren Waren verbrannt. Doch die Burg der Stadt konnte nicht sofort erobert werden. Gleichzeitig durchstreiften zwei obotritische Reiterscharen die Umgebung Lübecks und auch dänisches Gebiet. Auch dort wurden Häuser niedergebrannt und die wehrhaften Männer erschlagen oder in Gefangenschaft weggeführt. Mit reicher Beute und vielen Gefangenen kehrten die obotritischen Krieger zurück in ihr Heimatgebiet.

Auf diese Art wollte Niklot schon vor dem Kreuzzug den gegnerischen Kräften großen Schaden zufügen, die Pläne des Sachsenherzogs stören und Rücklagen für seine eigene Verteidigung schaffen. Zudem hat er sich damit auch Mittel und Geiseln verschafft, mit denen er später einen Friedensvertrag aushandeln wollte. Und er hatte sich damit nicht verrechnet.

Aber der Obotritenfürst beließ es nicht bei dem Angriff auf das Land Wagrien. Wie der zeitgenössische Historiker Helmold von Bosau (um 1120 – nach 1177) berichtet, *rief er daher all sein Kriegsvolk zusammen und fing an, am nordöstlichen Ende des Schweriner Sees die Feste Dobin zu bauen, damit sie dem Volk in der Not als Zufluchtsort diene.* (Abb. 9) Aus der Abbildung ist die Lage der Burg Dobin am Schweriner See zu ersehen, die hier als *Wall* bezeichnet wird. Die Verteidigungsmöglichkeiten der Burg scheinen dem Fürsten und seinen Beratern strategisch bedeutender gewesen zu sein als die der Burgen in Schwerin und Ilow und selbst als die der Hauptburg Mecklenburg.

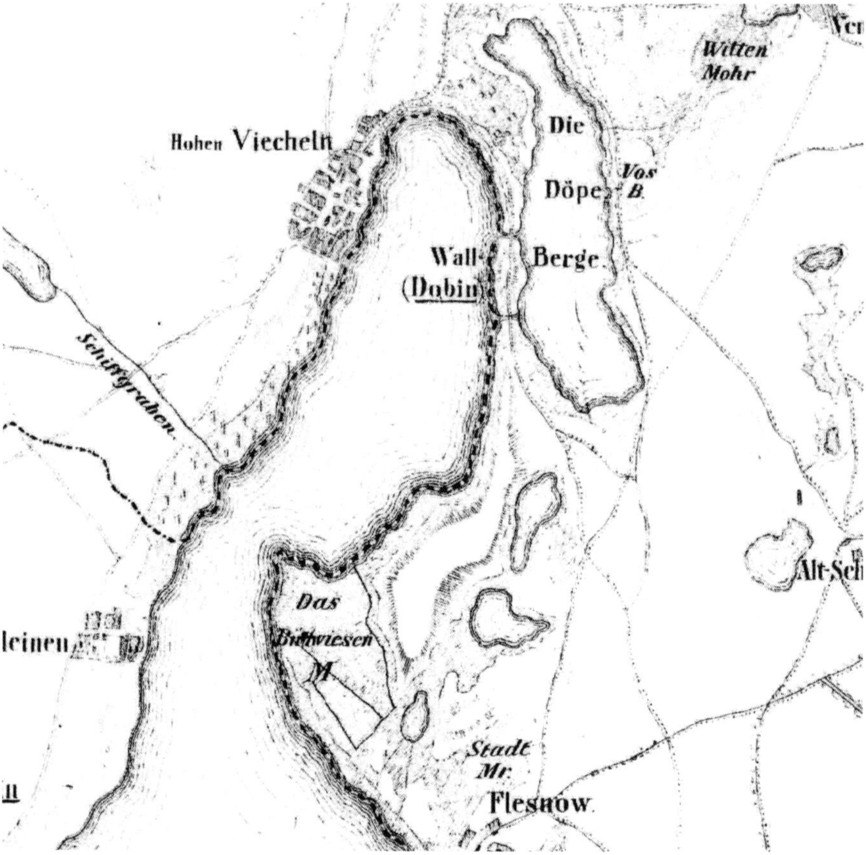


*Abb. 8: Lage der Burg Dobin (Wall) am Schweriner See (Lisch)*

Die Lage der Burg Dobin war nahezu ideal zur Verteidigung. Sie war fast ganz von Wasser umgeben, da sie direkt zwischen dem Schweriner See und dem Döpesee lag. Kleinere Landzugänge zur Burg bestanden nur nach Norden und Süden. Diese waren nur schmal, von Sumpf und Schilf umgeben, und führten an der nördlichen Seite direkt am leicht zu verteidigenden Außenwall der Burg vorbei. Wassergräben und das sumpfige Vorland machten sie zudem sehr schwierig erreichbar. So ist es verständlich, dass Fürst Niklot diese Burg zur Verteidigung auswählte. Es mussten noch eine Reihe von Baumaßnahmen vorgenommen werden, wie die Bereitstellung einer großen Menge an Vorräten, ein genügendes Waffenarsenal sowie Unterbringungsmöglichkeiten für die Mannschaft, das Vieh und für viele Gefangene.

Vergegenwärtigen wir uns die Größe und Lage der Burg anhand heutiger archäologischer Befunde und Erkenntnisse, so umfasste das eigentliche Burgareal eine Fläche von annähernd drei Hektar (Abb. 9). Wie die archäologischen Ausgrabungsbefunde zeigen, bestand das trapezförmige Plateau im Umfang von 300 mal 50 bis 100 Metern aus einer höher gelegenen Hauptburg und einer tiefer gelegenen, geräumigen Vorburg. Die Hauptburg war auf drei Seiten von einem umlaufenden Grabensystem und einem Erdwall umgeben. Auf der Seite zum Schweriner See hin war die Wallanlage besonders steil und hoch. Ebenso war die Vorburg mit Wallanlagen umgeben, die wie die Hauptburg mit Palisadenzäunen, Wehrtürmen und einem festen Eingangstor bestückt waren.

Die Planungen und Ausführungen zum Bau der Burganlage werden von im slawischen Burgenbau erfahrenen Baumeistern geleitet worden sein. Es waren nicht nur die Bauten in der Burg vorzubereiten, es waren in kurzer Zeit umfangreiche Transporte zu realisieren. In erster Linie werden es Bauern, Gefangene und Sklaven gewesen sein, welche die Bauvorhaben und Transporte ausführen mussten.

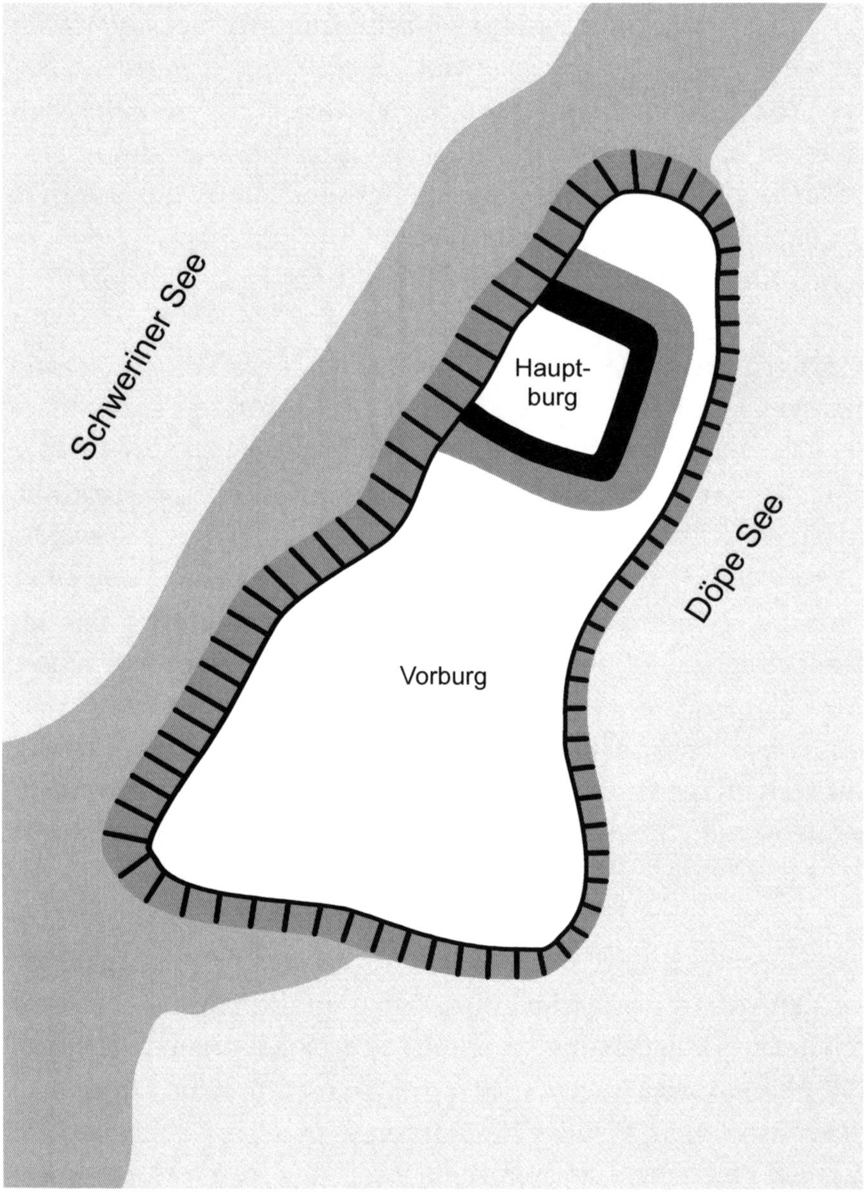


*Abb. 9: Übersicht über die Burg Dobin (Schemazeichnung, Falkenberg)*

Über den Arbeitsaufwand zur Vorbereitung der Burg Dobin für die Verteidigung durch die slawischen Kräfte sind keine Angaben gemacht worden. Archäologen haben jedoch für ähnliche slawische Burganlagen Berechnungen zum realen Aufwand vorgenommen.

So mussten für den Bau der im Vergleich zur Burg Dobin noch kleineren Burg von Behren-Lübchin etwa 5040 $m^3$ Holz und 5400 $m^3$ an Füllerde und Steinen herangeschafft und verbaut werden. Daraus waren zusätzlich Palisadenwände, Wehrgänge, Tore, Brückenteile und Holzroste für die Innenflächen der Burg zu fertigen. Zur Ausführung einer derartigen Baumaßnahme für die genannte Burganlage hat man insgesamt 11 580 $m^3$ Holz eingeschlagen, herantransportiert, zugerichtet und verbaut. Nach alten Quellen ist errechnet worden, dass die Aufschüttung von einem Kubikmeter Erde etwa ein halbes bis ein Tagewerk für eine Person in Anspruch nahm. Der Gesamtausbau dieser noch kleineren Burg hat somit 85.000 bis 130.000 Tagewerke erfordert. Nimmt man an, dass zum Bau 1000 Arbeitskräfte herangezogen wurden, dann lag die Bauzeit für die Anlage in Behren-Lübchin insgesamt im Bereich von 85 bis 130 Arbeitstagen, die jede dieser Personen zu leisten hatte[2]. Um den Burgbau in Dobin zu realisieren, muss der Arbeitskräfteaufwand entsprechend noch größer gewesen sein.

Der Erdwallaufbau von Burgen erfolgte im Slawengebiet gewöhnlich, indem Holzkastensysteme mit Erde verfüllt wurden. Auf diese untere Reihe kam eine zweite Lage von Holzkästen, die wiederum mit Erde gefüllt wurden. So wurde Schicht für Schicht das äußere Burggelände errichtet. Ausgrabungen auf dem Burg-

2 Herrmann, J. u.a.: Die Slawen in Deutschland. Akademie-Verlag, Berlin, 1985

gelände von Dobin bestätigten diese Bau- und Vorgehensweise. Hatten die Wallanlagen eine genügende Höhe erreicht, so wurden die befestigten Tore, die Palisadenwände und die Wehrgänge aufgesetzt. Anhand der dendrologischen Altersbestimmung aus dem aufgefundenen Holz aus der Burg Dobin konnte als Bauzeit das Jahr 1147 bestätigt werden. Im Burginnern entstanden zeitgleich Wohneinrichtungen, Ställe, Vorratsräume und Werkstätten. Wassergefüllte Grabensysteme und andere Hindernisse wurden im Vorfeld der Burg angelegt und Vorräte zusammengeholt[3].

Der Zeitplan zur Fertigstellung aller Leistungen für den Bau der Burg war eng. Alle Arbeiten mussten vor dem Eintreffen des Kreuzfahrerheeres abgeschlossen sein. Vergleicht man die Zahlen der zu bewältigenden Baumaßnahmen aus der Burg Behren-Lübchin mit denen der Burg Dobin, so werden weit mehr als 1000 Arbeitskräfte tätig gewesen sein, um die Burg in wahrscheinlich 85 bis 130 Tagen aufzubauen und zu befestigen. Rechtzeitig zum Beginn der Belagerung und vor dem Anrücken der feindlichen Heere scheint die Burg Dobin aber verteidigungsbereit gewesen zu sein.

Zur Anzahl der slawischen Verteidigungskräfte auf der Burg sind keine konkreten Angaben beim Chronisten Helmold vermerkt. Zum Ende der Belagerung gibt er aber an, dass sich allein 1000 Slawen taufen ließen. Aber dies seien nicht alle Verteidiger gewesen, die sich in der Burg aufhielten. So dürfte die Anzahl wehrfähiger Männer dort noch bedeutend höher gewesen sein.

---

[3] Ettel, P.: Historische und archäologische Überlieferung zur slawischen Fürstenburg von Dobin in Mecklenburg. Internat. Archäologie, Bd 17, 2002, S. 53-64

Dazu kamen Bewohner der umliegenden Dörfer und Sklaven, welche sich hier aufhielten. Es mussten auch Tiere als Nahrungsvorräte sowie Reitpferde mit ihren Betreuern und das Futter für sie untergebracht werden. Hinzu kommt, dass noch eine große Anzahl Gefangener, vor allem Dänen, auf der Burg waren. Schon allein für die Versorgung mit Nahrungsmitteln waren für so viele Personen und Tiere erhebliche Aufwendungen erforderlich. Es haben offenbar auch von Anfang an Verbindungen zu den Stammesbrüdern außerhalb der Burg bestanden, welche ständig Nahrungsmittel und Waffen über den See hereinbringen konnten. Von einer Hungersnot in der Burg ist während der Verteidigung nichts verzeichnet. So müssen die Vorsorge und die Versorgung „von außen" gut organisiert gewesen sein.

## 4. Der Angriff auf die Burg Dobin

Als militärischer Führer des Wendenkreuzzugs wurde der Sachsenherzog Heinrich eingesetzt. Das Kreuzfahrerheer sammelte sich in Magdeburg. Am 29. Juni des Jahres 1147 sollte es marschbereit sein. Die Stärke des Heeres gegen die Slawen hat nach Helmold[4] rund 40 000 Mann betragen, was sehr wahrscheinlich für beide Heeresgruppen galt; die zweite Heeresgruppe unter Führung von Markgraf Albrecht dem Bären zog Richtung Demmin und dann Stettin. Zu den prominenten Teilnehmern des Zuges gegen die Burg Dobin gehörten neben Heinrich dem Löwen auch der Erzbischof Adalbero von Hamburg-Bremen, der Bischof Thietmar von Verden, alle Bischöfe Sachsens sowie außer dem militärischen Führer Heinrich dem Löwen noch Herzog Konrad von Zähringen, Markgraf Adelbert von Salzwedel und Konrad von Wettin.

*Abb. 10: Heinrich der Löwe (Reitersiegel)*

[4] Helmold von Bosau: Chronik der Slawen, geschrieben 1209. Neu herausgegeben Phaidon Verlag, Kettwig,1990

Aber erst Anfang August des genannten Jahres setzte sich das Heer endgültig in Marsch. Zunächst gelangte man elbaufwärts bis Artlenburg (Lauenburg), wo der Herzog einen befestigten Platz innehatte. Dort überquerte man die Elbe. Von hier aus wird das Heer den gut bekannten Fernweg in das Obotritenland genommen haben. So kann die Belagerung der Burg von Dobin frühestens Ende August/Anfang September des Jahres begonnen haben. *Unter steter Verheerung zog das Heer bis vor Dobin und belagerte die Feste,* wie der Chronist Helmold vermerkte.

Auf Veranlassung des Papstes und des Sachsenherzogs unterstützten die Dänenkönige Knud und Sven den Kreuzzug. Sie bemannten Schiffe mit ihren Kriegern und traten die Überfahrt zum Obotritenland an. Sie landeten in der Wismarbucht und ließen dort ihre Schiffe mit kleiner Wachmannschaft zurück. Die Kampftruppen zogen wie die Sachsen bis vor die Burg Dobin und belagerten diese.

Das Kriegslager des Kreuzfahrerheeres der Sachsen und ihrer Verbündeten wird sich auf dem Platz des slawischen Dorfes Viecheln befunden haben. Dafür sprechen mehrere Gründe. Die relativ große gerodete Dorffläche und daneben liegende Ackerflächen werden genügend Platz zum gesicherten Ausbau als Kriegslager für das sächsische Heer geboten haben. Was aber strategisch noch wichtiger scheint, ist, dass durch die Dorflage auf dem hohen Ufer über dem Schweriner See eine sehr gute Überwachung der Slawenburg Dobin gegeben war. Man war zudem vor Überraschungsangriffen der Obotriten relativ sicher, was für den Feldherrn und die hohe Geistlichkeit nicht ohne

Belang war. Den Kirchenleuten erlaubte die Dorffläche des Ortes Viecheln das Abhalten von Gottesdiensten für das große Heer. Wahrscheinlich hat man dafür auch eine hölzerne Kirche im Zentrum neben den Zelten der Sachsenherzöge und der Bischöfe aufgebaut, einem Traditionsplatz, den heute die steinerne Kirche des Ortes einnimmt. Von hier aus konnten vorerst die nähere Belagerung und Bewachung der Slawenburg organisiert werden. Die dänischen Kampfeinheiten gelangten, von der Wismarbucht kommend, zu ihren sächsischen Verbündeten, nachdem diese bereits die Burg Dobin belagerten. Um die Einschließung der Slawen in der Burg zu sichern, mussten in erster Linie ihre nördlichen und südlichen Zugänge blockiert und von hier aus auch der Angriff gegen die Burg vorbereitet werden. Die Dänen werden den südlichen Zugang zur Burg blockiert haben.

*Im Vergleich zu den Schwierigkeiten beim Sturm auf steinerne Festungswerke müsste es eine Kleinigkeit gewesen sein, slawische Festungen zu erobern. Die Wirklichkeit hat genau umgekehrt ausgesehen. Dem Festungsbau des Ostens gegenüber waren die Belagerungsmaschinen der deutschen Heere ziemlich machtlos. Steinerne Mauern hätte man zu Fall bringen können. Die mit mächtiger Erdschicht gefüllten doppelten Palisadenwände der slawischen Wallmauern spotteten solcher Erschütterungen,* wie ein Historiker 1937 beschrieb[5].

Nach dem Bericht des Helmold von Bosau spielte sich die Belagerung der Burg Dobin wie folgt ab: *Sie (die Sachsen und ihre Verbündeten) belagerten auch die gut befestigte Burg Dobin und bauten*

[5] Aus: Unverzagt, W. u. Schuldt, E.: Ausgrabungen in den frühgeschichtlichen Burgwällen von Teterow und Behren-Lübchin im Lande Mecklenburg. Sonderdruck aus: Neue Ausgrabungen in Deutschland, Berlin, 1958

*gegen diese viele Belagerungswerke. Auch ein Heer der Dänen kam herbei und schloss sich denen an, welche Dobin belagerten und die Belagerung zog sich lange hin. Eines Tages nun, als die, welche eingeschlossen gehalten wurden (die Obotriten), sahen, dass das Heer der Dänen sehr lässig war, unternahmen sie plötzlich einen Ausfall, töteten viele von ihnen und machten ihre Leiber zum Dünger der Erde. Man konnte ihnen (den Dänen durch die Sachsen) auch keine Hilfe bringen, weil der See (wahrscheinlich der Schweriner See) dazwischen lag. Darob ergrimmt, betrieb das (sächsische) Heer die Belagerung umso eifriger.*

*Indes erfuhren die Ranen auf Rügen als Verbündete der Obotriten, dass die dänische Flotte in der Wismarbucht nur schwach bemannt und bewacht war. Und sie beschlossen durch deren Vernichtung den Belagerten Hilfe zu bringen. Sie griffen überraschend die Schiffe der Dänen an und konnten einen Teil von ihnen zerstören.* Die dänischen Führer vor Dobin hörten von dem Überfall auf ihre Flotte. Sie eilten zu ihren Schiffen, besetzten die noch übrigen Schiffe, vertrieben die Ranen aus dem Hafen und schlugen sie in die Flucht. Dann aber segelten sie selbst mit allen Kriegern nach Hause, ohne sich mit den sächsischen Führern zu verständigen und unbekümmert um ihre gefangenen Landsleute in der Burg Dobin.

Von den deutsch-sächsischen Kreuzfahrern wurde nach dem Abzug der Dänen die Belagerung vorerst fortgesetzt. *Die Vasallen des Herzogs (Heinrich des Löwen) und des Markgrafen Adelbert (von Salzwedel) aber sprachen untereinander: Ist nicht das Land, das wir verheeren (zukünftig) unser Land? Und das Volk, das wir bekämpfen, unser Volk? Warum zeigen wir uns denn als unsere eigenen Feinde und als Zerstörer unserer eigenen Einkünfte? Wirken diese Verluste nicht auf unsere Lehnsherren zurück? Seitdem begannen sie also im Heere Schwierigkeiten zu erheben und den Belagerten durch wiederholte Waffenruhe Erleichterung zu gewähren. So oft nämlich die Slawen im Kampfe besiegt wurden, wurde das Heer davon zurückgehalten, die Fliehenden zu verfolgen und der Burg sich zu bemächtigen.*

Der Chronist Helmold beschließt den Bericht über die Belagerung der Burg Dobin mit den Worten: *Zuletzt, als die Unseren (Sachsen) des Kampfes schon überdrüssig waren, wurde eine Übereinkunft geschlossen unter der Bedingung, dass die Slawen den christlichen Glauben annehmen und die Dänen, die sie gefangen hielten, freigelassen werden sollten. Danach wurden viele derselben (Slawen) zum Scheine getauft, und aus der Knechtschaft entließen sie alle Greise und unbrauchbaren Personen (der Dänen), die übrigen jedoch, welche noch im rüstigen Alter und zur Arbeit geschickt waren (tauglich waren), behielten sie zurück.*

*Abb. 11: Bischof Berno von Mecklenburg (Siegel des Bischofs)*

Nach späteren Berichten soll der als mecklenburgischer Bischof eingesetzte Zisterzienser und Bischof Berno (Abb. 11) die Taufe der Heiden selbst vorgenommen haben, indem die Slawen direkt in einem See getauft wurden. Um welchen See es sich dabei handelt, ist heute noch umstritten.

**Resümee:** Das gesamte Kreuzzugunternehmen hat damit etwa drei Monate gedauert. Rechnet man als Belagerungsbeginn die Zeit Ende August/Anfang September, so scheint die Belagerung der Burg von den Sachsen im November des Jahres, also vor Beginn des Winters, abgebrochen worden zu sein. So wurde der Kreuzzug mit geringem Erfolg abgeschlossen, wenn man von der vermeintlichen Taufe der 1000 Obotriten absieht. *Denn gleich nachher zeigten sich die Slawen wieder schlimmer als zuvor, da sie weder die Taufe achteten, noch sich der Beraubung der Dänen enthielten,* wie es Helmold aufzeichnete.

Dem abgeschlossenen Vertrag nach war aber den Forderungen der Kirche und des Papstes zur Taufe der Slawen Genüge getan. Sicherlich ist es unter dem Einfluss der im Lager anwesenden hohen Geistlichkeit noch zu weiteren Taufen von Slawen gekommen, um sich so vor dem Papst rechtfertigen zu können.

Der Kreuzzug gegen die Slawen unterschied sich insgesamt nicht wesentlich von den Kreuzzügen, die in das Heilige Land führten. Auch dort mischte sich die religiöse Begeisterung mit dem Streben einzelner Teilnehmer nach der Herrschaft über die eroberten Gebiete und dem Erwerb von Gütern. Zwar waren die Grenzpfähle noch nicht abgesteckt, aber die Interessensphären der sächsischen Adligen traten klar zu Tage. Niklot selbst hatte die Kämpfe gut überstanden und blieb vorerst Fürst der Obotriten, unterwarf sich auch weiterhin dem Sachsenherzog.

## 5. Das Jahr 1160 – Niklots Ende und der Zusammenbruch des Obotritenreiches

Auch nach der vorläufigen Beilegung der Konflikte zwischen den Sachsen bzw. Dänen und den Obotriten hörten die Feindseligkeiten zwischen beiden Gruppen nicht auf. Immer wieder kam es zu Zwistigkeiten.

Nach der Belagerung von Dobin knüpften Fürst Niklot und der sächsische Graf Adolf von Schauenburg zunächst an die alten vertrauten Verhältnisse wieder an und schlossen miteinander Frieden. Niklot hatte sich nach diesem Krieg wieder der Oberhoheit des Herzogs Heinrich dem Löwen beugen müssen, hatte Tribute zu zahlen und ihn als Herrn anzuerkennen. Dieser Verpflichtung entzog er sich nicht. Aber sein Interesse galt nach wie vor der Erhaltung seines eigenen Herrschaftsbereiches, des Obotritenreiches mit den slawischen Gesetzesbestimmungen und der Verehrung der alten Götter. Er konnte sogar sein Reich wieder stabilisieren, denn als die Kessiner und Zirzipanen sich von ihm lossagen wollten und die Zinszahlungen verweigerten, ergriff er mit Hilfe der Sachsen Gegenmaßnahmen.

Fürst Niklot kam an den Hof der Herzogin zu Lüneburg, da Herzog Heinrich in Italien war. Er führte Klage, dass die Kessiner und Zirzipanen widersetzlich wären und sich weigerten, den üblichen Tribut zu zahlen. In Lüneburg aber misstraute man Niklot noch immer. Er wurde zeitweilig in Haft genommen. Weder Geld noch Bitten vermochten seine Befreiung zu bewirken. Da griffen Niklots Söhne Pribislav und Wertislav zu den

Waffen, verwüsteten und beraubten wiederum Ortschaften im Sachsenland. Unter diesem Druck ließ man Niklot jetzt wieder frei. Selbstverständlich musste er erst seinen Treueschwur erneuern und Tributzahlungen zusagen. Seitdem hielt er Frieden mit den Sachsen.

Nach der Freilassung Niklots aus der sächsischen Gefangenschaft erhielt Graf Adolf nun vom Sachsenherzog den Auftrag, dem Obotritenkönig gegen die slawischen Empörer mit seinen Holsteinern und Stormanen zur Hilfe zu kommen. Graf Adolf rückte mit mehr als 2000 Kriegern an. Beide Heere drangen vereint in das Land der Kessiner und Zirzipanen ein und verwüsteten es mit Feuer und Schwert. Sie zerstörten auch einen hochberühmten Tempel. Dem geballten Angriff zu widerstehen, fühlten sich die Angegriffenen nicht in der Lage. Sie ergaben sich und wurden wieder getreue Untertanen der Obotriten. Sie erkauften dabei den Frieden mit schwerem Gelde und erstatteten alles, was sie an Zins versäumt hatten.

Der Feldzug hatte den günstigsten Einfluss auf das Verhältnis zwischen Adolf und Niklot. Letzterer erwies sich jenem überaus dankbar für dessen militärische Hilfe. Er begleitete den Grafen sogar bei der Heimkehr bis an die äußere Grenze seines Landes und sorgte mit aufmerksamstem Fleiße für dessen Heer. Seitdem hatten beide Führer öfter Zusammenkünfte in Lübeck oder an der Mündung der Trave und besprachen sich über das Beste für ihre Länder. Wagrien hatte Frieden, der Markt in Lübeck entfaltete sich, die Kaufmannsschiffe mehrten sich. Nur auf See wurde es den Slawen erlaubt, hauptsächlich gegen die Dänen ihrer

Kriegs- und Beutelust Raum zu geben. So kam es wiederholt zu Kämpfen zwischen beiden Kriegsparteien. Vollständig gewann keine Seite.

Der Sachsenherzog Heinrich ist in dieser Zeit von seinem Ziel der Eroberung des gesamten Slawenlandes nicht abgerückt. Dabei soll es in den Jahren 1148 und 1149 des Öfteren zu regionalen, aber nicht entscheidenden Kämpfen zwischen Sachsen und Obotriten gekommen sein, über welche von den Historikern aber nicht berichtet wurde. Der Chronist Helmold kommentiert diese Vorhaben: *Auf allen Feldzügen, die der noch junge Mann (Heinrich) ins Slawenland unternahm, war keine Rede vom Christentum, sondern nur vom Gelde!* Niklot musste es auch dulden, dass in seinem Machtbereich wieder Missionsarbeiten begannen. So soll ab 1154 der Zisterziensermönch Berno das Recht erhalten haben, in Schwerin zu missionieren und eine kleine Christengemeinde unter den slawischen Bewohnern zu gründen. Diese Missionsbestrebungen hatten offenbar jedoch nur regionalen Charakter. Fürst Niklot selbst hat nichts unternommen, um die Missionsbestrebungen zu befördern, stand aber jetzt treu zum Herzog und seinen Anordnungen.

Auf einer sächsischen Landesversammlung wollten Herzog Heinrich und sein damaliger sächsischer Bischof Gerold Niklot und andere slawische Fürsten nochmals zum Übertritt zum Christentum bewegen. Ihnen gab Niklot die merkwürdige Antwort: *Sei der Gott, der im Himmel ist, dein Gott und du, sei du unser Gott, so sind wir zufrieden. Verehre du jenen, wir werden dich verehren.* Der Herzog verwies dem Niklot seine gotteslästerliche Reden.

Doch dabei blieb es. Nach einem langen Zug mit Kämpfen in Italien waren die Mittel des Herzogs erschöpft, so dass sich an dieser Situation gegenüber Niklot im Moment auch noch nichts veränderte.

Heinrich der Löwe hatte jedoch in dieser Zeit bei aller Meinungsverschiedenheit die Obotriten beauftragt, ihm weiterhin im Kampf gegen die dänischen Machtbestrebungen durch Überfälle zu helfen. So entfalteten die Obotriten in kurzer Zeit ein umfangreiches Piratenwesen an der Ostseeküste. Sie lernten sehr schnell, wendige Boote zu bauen und überfielen mit diesen überraschend dänische Siedlungen. Sie raubten neben Sachwerten auch Menschen, um sie als Sklaven zu verkaufen. Dadurch wurden die Kriegsbestrebungen der Dänenherrscher untereinander und gegenüber den Sachsen und Slawen empfindlich gestört.

Trotz dieser Zustände wurde Prislav, ein weiterer Sohn Niklots, auf Initiative des Herzogs mit einer Schwester des dänischen Königs Waldemar verheiratet, offenbar um durch Differenzen zwischen den dänischen Herrschern wiederum Unfrieden zu stiften. Unter dem Einfluss der christlichen Ehefrau des Prislav und des Bischofs Berno ließ sich Prislav schon bald taufen. Das gefiel wiederum dem Vater nicht. Niklot überwarf sich mit seinem Sohn und verbannte ihn aus seinem Machtbereich. Aber der Schwiegervater Waldemar überließ Prislav eine große dänische Insel als Lehen, damit die Eheleute standesgemäß leben konnten. Das erzürnte Niklot noch mehr. Und er ließ die Raubfahrten der Obotriten gegen die Dänen noch weiter ausdehnen.

Damit aber setzte sich Niklot über die Anordnungen des Sachsenherzogs hinweg, denn der Herzog hatte für die Zeit seiner neuerlichen Italienfahrt die Ausführung von Piratenüberfällen verboten.

Fürst Niklot hatte schon weitere Zugeständnisse an die Macht des Herzogs machen müssen. In der Dotationsurkunde für das Bistum Ratzeburg waren dem neuen Bistum auch Dörfer und Zinszahlungen zugesprochen worden, die ursprünglich zum Einflussbereich Niklots gehörten. In dieser Urkunde bezeichnete sich Bischof Berno bereits als Bischof von Schwerin. Niklot wird das Versprechen gegeben haben müssen, Berno in Schwerin zu dulden. Doch gegenüber den Dänen setzte er die Piraterie trotz eines gegenteiligen Versprechens fort.

Herzog Heinrich nahm nach der Rückkehr von seiner Wallfahrt in den Süden den erneuten Vertragsbruch der Obotriten zum Anlass, um das Slawenland ganz in seinen Besitz zu bringen. Er berief vorerst seine Lehenspflichtigen zu einem Landtag nach Barförde ein. Dort sollte sich Niklot für die Überfälle auf dänisches Gebiet und den Eidbruch verantworten. Sich seiner Schuld bewusst, wagte es Niklot aber nicht zu erscheinen. Der Herzog erklärte ihn daraufhin für geächtet.

Diese Situation kam dem Sachsenherzog Heinrich gerade recht und er befahl seinem Kriegsvolk, es solle sich um die Erntezeit (im Jahr 1160) zur Heerfahrt gegen die Wenden bereithalten. So konnte sich Niklot über den erneuten Ernst der Lage keinen Täuschungen mehr hingeben.

Herzog Heinrich hatte sicherlich aus dem mehr oder weniger gescheiterten Zug von 1147 gelernt und seine Pläne, seine Heerführer und Krieger entsprechend darauf eingestellt. Der Vorwand der Heidenbekehrung war auch jetzt ein Bestandteil der Angriffs- und Besatzungsstrategie. Und auch diesmal griffen verbündete Dänen in die Kämpfe gegen die Slawen ein, indem sie an der Ostseeküste landeten und verschiedene Gebiete eroberten.

Zwar versuchte Fürst Niklot wieder einem Angriff durch die Sachsen zuvorzukommen und wollte Lübeck erobern, aber es misslang ihm diesmal.

Beim Angriff auf das Obotritenland muss die Überlegenheit des sächsischen Heeres über die Streitkräfte der Obotriten sehr groß gewesen sein. So drang Herzog Heinrich, begleitet vom Lausitzer Markgrafen Dietrich und dänischen Kräften, mit starker Kriegsmacht in das Obotritenland ein und verwüstete es mit Feuer und Schwert. Fürst Niklot, der die Aussichtslosigkeit des Kampfes sah, entschloss sich, alle seine westlichen Burgen aufzugeben. Um sie dem Feind nicht funktionsfähig in die Hände zu geben, ließ er sowohl die Burgen in Ilow, Mecklenburg und Schwerin als auch diesmal die Burg Dobin abbrennen. So sind alle oberirdischen Gebäude, Tore und Palisaden vernichtet worden. Fürst Niklot zog sich mit den beiden Söhnen und seinen Kriegern zur Burg Werle (bei Schwaan) zurück.

*Abb. 12: Niklots Tod (Marschalk)*

Bei den nun folgenden Kämpfen erlitten die Söhne Niklots mit ihren Kriegern empfindliche Niederlagen, die der Fürst übel aufnahm: *Ich glaubte Männer erzogen zu haben, aber ihr lauft noch schneller davon als Weiber, sprach der Alte zu ihnen. So will ich denn selbst ausrücken und versuchen, ob ich nicht mehr ausrichten kann.* Er zog also mit einer Schar auserlesener Krieger aus und legte sich in der Nähe des deutschen Heerlagers in einen Hinterhalt. *Nicht lange danach kam ein Trupp Knechte aus dem Lager, um Futter zu holen, und näherte sich dem Versteck der Obotriten. Unter die Knechte waren aber 60 Krieger gemischt, die unter ihren Röcken Harnische trugen. Niklot merkte dies nicht und sprengte als Erster hervor in der Erwartung eines leichten Sieges. Sein Kampfeifer wie sein schnelles Ross führten ihn allein den Seinen weit voraus mitten unter die Gegner. Er sprengte mit eingelegter Lanze auf einen von ihnen zu, aber die Lanze brach am Harnisch ab. Nun erst merkte Niklot die Gefahr. Schnell soll er sein Pferd gewendet haben, aber es war zu spät. Er wurde umringt und im Kampf getötet.* Zwei Gemälde (Abb. 12 und 13) zeigen Niklots letzten Kampf. Ein sächsischer Ritter Namens Bernhard soll den tödlichen Streich geführt haben. Niklots Kopf wurde abgehauen und als Trophäe in die Lager der Sachsen und Dänen gebracht. Der Tod des gefürchteten Gegners erregte große Freude.

*Abb. 13: Tod des Niklot (Gemälde von Theodor Schloepke, 1855/57)*

So starb der letzte Obotritenfürst, tief betrauert von seinem Volk, dem es unfassbar war, dass ihr Herrscher nicht mehr am Leben war. In dieser Zeit mag auch die Sage entstanden sein, dass zu gewissen Zeiten aus der in der Nähe der alten Burg Dobin liegenden „Düwelskuhl" nächtlich ein Schimmelreiter ohne Kopf, wohl den Fürsten Niklot darstellend, herauskomme, über den Döpesee reite, dreimal den Wall der alten Burg umrunde, um dann wieder in sein feuchtes Grab zurückzukehren.

Betrachtet man den Lebensweg des Fürsten Niklot, so erreichte er über lange Zeit die Erhaltung des Obotritenstaates durch seine notwendige Anpassung an die überlegenen deutschen Kräfte. Bereits 1129 wird er als Heerführer der Obotriten bezeugt und war damals mindestens 20 bis 25 Jahre alt. Bei seinem Tod im Jahre 1160 dürfte er damit ein Alter von etwa 55 Jahren erreicht haben. Ein Lebensalter, das für das bewegte Leben der damaligen Zeit schon beachtlich hoch war. Vielleicht hat Fürst Niklot diesen letzten Kampf auch absichtlich gesucht, um zu Ehren seiner Götter im Kampf zu fallen statt schmachvoll vor dem Feind zu kapitulieren und sein Leben im Kerker zu beenden.

Der Slawe Niklot (Abb. 14) hatte zwar im Laufe seines Lebens gelernt, seinen Deutschen- und Christenhass zu verbergen. Seine Fügsamkeit ging aber nicht so weit, dass er sich ganz der deutschen Herrschaft ergab. *Wenn es erforderlich war, zog er auch sein Schwert und führte es mit rascher Energie,* heißt es in der Chronik des Helmold von Bosau. In seinem Fühlen und Denken blieb Niklot stets ein Slawe, der seinen Göttern treu war. Seine Politik beschränkte sich darauf, seinem Volk die Existenz so zu

erhalten, wie es die Lebensweise und Sitte der Väter gewesen war. Dazu gehörte, dass ihm der Glaube seiner Vorfahren ein untrennbarer Bestandteil seines Lebens blieb. Schon allein die Tatsache, dass Niklot der einzige Obotritenfürst seiner Zeit war, der sich der Taufe standhaft verweigerte, ist ein Beleg dafür. Aus politischen Erwägungen heraus wäre es für ihn und seine Macht sicherlich einfacher gewesen, wenn er sein Heidentum aufgegeben hätte.

*Abb. 14: Symboldarstellung des Fürsten Niklot (Höfs)*

**Fazit zu Niklots Leben:**

Über 30 Jahre hat Fürst Niklot an der Spitze seines Volkes gestanden. Nur durch Kampf und Mut konnte er sein Land und seine Führungsposition erhalten, wie es in der damaligen Zeit üblich war. Doch Niklot verkannte die Gesamtentwicklung in dieser Zeit, die mit dem Fortbestehen des slawischen Heidentums und der ständigen Piraterie auf Dauer unverträglich schien. Sein gewaltsamer Tod ersparte ihm, die Vergeblichkeit seines Strebens und den Untergang seines Reiches selbst zu erleben.

Mit Niklots Tod empfing auch das Obotritenreich seinen Todesstoß. Herzog Heinrich zerschlug den Obotritenstaat, indem er das Land nach dem Sieg aufteilte. Statthalter des Herzogs für das ganze Gebiet wurde Gunzelin von Hagen (um 1130 – 1185), welcher die Burgbereiche Schwerin und Ilow als Lehen erhielt. In Quetzin am Plauer See setzte Heinrich den Braunschweiger Vogt Ludolf ein, in Malchow Ludolf von Peine. Den Burgbezirk der Mecklenburg erhielt Heinrich Graf von Schaaten. Lediglich die Burg Werle und das dazugehörige Land behielten Niklots Söhne Pribislav und Wertislav noch in ihrem Verfügungsbereich.

## 6. Die Söhne Niklots

Vom Fürsten Niklot sind nur drei Söhne in der Geschichte der Obotriten erwähnt. Das waren Pribislav, Wertislav und Prislav. Für alle drei hatte Niklot offenbar besondere Aufgaben und Stellungen in seinem Reich vorgesehen, wobei Pribislav als Ältester vorrangig als Nachfolger des Vaters galt. In erster Linie sind sowohl Pribislav als auch Wertislav als militärische Führer ausgebildet worden und haben bei so mancher kriegerischen Aktion die Kampfeinheiten der Obotriten angeführt. Darauf wird nochmals gleich näher einzugehen sein.

Prislav ging einen abseitigen Weg. Seit seiner Heirat mit einer dänischen Prinzessin stand er auf dänischer Seite. Beim letzten Angriff der Dänen war er mit in das Obotritenland gekommen. Doch auf den Tod seines Vaters reagierte er nur sehr gleichgültig.

Die beiden Söhne Pribislav und Wertislav ließen sich auch nach dem Tode ihres Vaters nicht unterkriegen und kämpften in ihrem kleinen Machtbereich mit allen verfügbaren Kräften und Mitteln weiter gegen den Sachsenherzog und seine Verbündeten. Während Wertislav sich beim Angriff der Sachsen auf die befestigte Burg Demmin zurückzog, fand Pribislav mit seinen Kriegern Schutz bei den pommerschen Herzögen. Von hier aus organisierte er immer wieder Angriffe auf seine Gegner.

Der Sachsenherzog Heinrich rückte inzwischen mit seinem starken Heer vor und belagerte die Burg Demmin. Aufgrund der Überlegenheit seiner Streitkräfte ergab sich die Besatzung und erhielt freien Abzug. Nur Wertislav und einige edle Obotriten wurden in Braunschweig gefangen gehalten. Nach und nach eroberte das Sachsenheer das ganze Land Mecklenburg und Pommern, so dass auch Pribislav aufgrund seiner fehlenden Mittel keine Angriffe mehr machen konnte.

Doch die ohnmächtige Lage des ehemaligen obotritischen Reiches ließ die beiden Brüder noch lange nicht ruhen. Wertislav ließ seinen Bruder aus dem Gefängnis heraus durch Boten ausrichten: *Siehe ich liege hier ewig in Fesseln und du benimmst dich so gleichgültig? Erwache, sei tätig, handle wie ein Mann und erzwinge mit deinen Waffen, was du im Frieden nicht erlangen kannst. Denkst du denn nicht daran, dass unser Vater Niklot, als er zu Lüneburg gefangen saß, weder durch Bitten noch durch Geld loszubringen war; als wir aber tapferen Sinnes die Waffen ergriffen und Burgen anzündeten und zerstörten, wurde er da nicht freigelassen?*

Als Pribislav dies vernahm, sammelte er wiederum heimlich ein Heer und stand am 17. Februar des Jahres 1164 während eines großen Wintersturms plötzlich mit seinen Leuten vor der wiederaufgebauten Burg Mecklenburg, welche jetzt von flämischen Siedlern bewohnt war. Heinrich von Schaaten, ihr Befehlshaber, war gerade abwesend. Pribislav trat an die Burgmauer und sprach zu den Burgleuten: *Große Gewalttat, ist sowohl an mir als auch an meinem Volk verübt worden, denn wir sind vertrieben aus dem Lande unserer Geburt. Wir lassen euch jetzt die Wahl zwischen Leben und Tod. Wollt ihr uns die Burg öffnen und uns das gebührende Land wiedergeben, so werden wir euch mit Weib und Kind und aller eurer Habe in Frieden ziehen lassen. Wollt ihr aber nicht abziehen, sondern diese Burg hartnäckig verteidigen, so schwöre ich euch, wenn Gott uns Gunst und Sieg verleiht, euch alle mit der Schärfe des Schwertes töten werde.*

Als Antwort auf diese Forderung begannen die Burgverteidiger die angreifenden Slawen zu beschießen und sie zu verwunden und wollten sich nicht ergeben. Daraufhin erstürmten die überlegenen Obotriten die Burg und erschlugen alle Männer. Ihre Frauen und Kinder führten sie in die Knechtschaft und setzten die Burg in Brand. Etwa 70 der flämischen Burgleute sind erschlagen worden, wie die Annalen berichten.

Pribislav wandte sich danach mit seinen Kriegern der Burg Ilow zu, um auch diese zu erobern. Doch das gelang nicht. Mit der Zusicherung eines freien Geleits ergaben sich späterhin aber die sächsischen Burgleute in der Burg Malchow den Leuten des Pribislav.

Als der Sachsenherzog Heinrich diese Nachrichten von den Aktivitäten des Pribislav vernahm, organisierte er sofort die Aufstellung eines Heeres, um die Aufständischen zurückzuschlagen. Wertislav, den Bruder des Pribislav, aber ließ er bei Malchow aufhängen als Vergeltung dafür, dass sein Bruder ihm große Verluste zugefügt hatte (Abb. 15)

*Abb. 15: Erhängung des Wertislav (Spalatin)*

Später, nach dem Abzug der Sachsen, übernahm Pribislav wieder die Burg Demmin, ließ sie zur Verteidigung herrichten und unternahm von hieraus wiederum Kriegszüge bis nach Schwerin und Ratzeburg. Aber Gunzelin von Hagen, welcher im Auftrag des Sachsenherzogs in der Grafschaft Schwerin herrschte, bekämpfte mit seinen Leuten von jetzt ab die Slawen aus Hinterhalten heraus und behielt häufig die Oberhand. Schließlich konnte Pribislav nach dem Verlust seiner besten Leute und Rosse keine Überfälle mehr ausführen.

Einige Zeit danach kam der Sachsenherzog Heinrich sehr stark in Bedrängnis, weil sich viele Gegner gegen ihn erhoben hatten. Um einen Gegner weniger zu haben und dadurch seine Lage zu verbessern, setzte Heinrich den Pribislav wieder als Herrscher über das Reich seines Vaters ein, mit Ausnahme der Grafschaft Schwerin.

Und Pribislav gelobte dem Herzog, *dass er ihn durch keine Kriegsbewegung sich wankend machen lassen werde, und seines Befehls gewärtig auf die Wünsche seiner Freunde lauschen und nie den geringsten Anstoß erregen wolle.* Zu der Einsetzung Pribislavs durch den Sachsenherzog trug sicherlich bei, dass er sich unter dem Einfluss seiner Frau Woizlawa, einer norwegischen Prinzessin – andere Autoren meinen, sie wäre eine pommersche Prinzessin gewesen – im Jahr 1166 in Doberan unter großer Beteiligung weiterer obotritischer Edler und einfacher Slawen durch den Bischof Berno taufen ließ. Pribislav wurde zum Reichsfürsten für Mecklenburg erhoben.

Der neue Fürst Pribislav verstand es, Gerechtigkeit gegen seine alten und neuen Untertanen zu üben. Deutschen Siedlern gestattete er, von der Westseite her, bis an den großen Schweriner See heran, Land zu erwerben und ihre Wirtschaften aufzubauen. Das Land östlich des Sees überließ er vor allem seinen slawischen Untertanen, welche sich auf den durch die vielen Kriege verödeten Stätten wieder ansiedeln konnten.

Noch zweimal begab sich Pribislav im Auftrage des Herzogs auf Kriegszüge. Einmal bekämpfte er als oberster Heerführer der Sachsen und Slawen, zusammen mit dänischen Kriegern, einen abtrünnigen Rujanenfürsten. Zum Zweiten trat er gemeinsam mit dem Herzog Heinrich dem Löwen und Gunzelin von Hagen aus Schwerin eine Kreuzzugs- und Pilgerfahrt an, welche sie bis nach Jerusalem führte. Bei seiner Rückkehr von dieser langen Fahrt musste er zu seinem Schmerz erfahren, dass seine Frau Woizlawa inzwischen verstorben war.

Sehr lange konnte Pribislav sich des Fürstentums nicht erfreuen. Im Herbst des Jahres 1178 lud Herzog Heinrich der Löwe ihn sowie viele andere Edle zu einem Ritterturnier nach Lüneburg ein. Wie es in den Annalen heißt, kämpfte auch Pribislav um ritterliche Ehren im Turnier. Doch drang ihm bei einem Kampf, bei dem er mit seinem Pferd stürzte, der Spieß seines Waffenträgers in die rechte Schläfe ein und führte schon bald, am 30. Dezember des Jahres 1178, seinen Tod herbei (Abb. 16).

Pribislav war der erste christlich getaufte deutsche Reichsfürst aus obotritischem Geschlecht. Er führt die lange Reihe der nach ihm als Herren, Herzöge oder Großherzöge folgenden Mitglieder der Herrscherfamilie in Mecklenburg an. Als der eigentliche Ahnherr wird aber immer noch der letzte Obotritenfürst Niklot im Geschlechtsregister des Fürstenhauses geehrt.

*Abb. 16: Grabplatte für Pribislav im Doberaner Münster*

## 7. Das weitere Schicksal der Burg Dobin

Nach der Eroberung der Slawenregion durch die Sachsen wurden die Burgen Mecklenburg, Schwerin und Ilow wieder aufgebaut und genutzt, nicht aber die Burg Dobin. In seinem neuen Hauptsitz Schwerin war dem Grafen Gunzelin offenbar die Burg Dobin nicht mehr wichtig. So blieb sie vorerst unbewohnt und unbefestigt und verfiel im Laufe der Zeit.

Doch kommt der alten Burg noch einmal Bedeutung zu. In einer alten Wismarschen Chronik wird dazu aus dem Jahr 1278 mitgeteilt: *Die Herren von Werle und der Graf von Schwerin seien mit dem Markgrafen Otto von Brandenburg in das Land Mecklenburg gezogen, hätten dort die Burg Dobe (Dobin) aufgebaut und von dort aus das Land bis Wismar mit Raub und Brand verheert.* Das geschah im Zuge von Erbstreitigkeiten in der Zeit, in welcher der mecklenburgische Fürst Heinrich I. im Sarazenenland in Gefangenschaft saß. Demnach scheint festzustehen, dass die Burg Dobin zu dieser Zeit wiederaufgebaut und befestigt war und offensichtlich dem Unterschlupf der Reisigen sowie als Lager für ihre geraubten Waren diente. Sie wird in dieser Zeit sogar als Räuberburg bezeichnet. Wie lange diese militärische Nutzung anhielt, ist nicht bekannt. In den folgenden Jahrhunderten wird die Burg Dobin nicht mehr erwähnt. Wahrscheinlich gingen von hier keine kriegerischen Handlungen mehr aus.

In Akten aus den Jahren 1616 bis 1621 findet man lediglich, dass an dem Verbindungskanal zwischen dem Döpesee und dem großen Schweriner See, welcher damals *Döper-Furth* genannt wurde, *ein Stück Ackers liege, welcher der Wall bei Viecheln* heißen würde.

In späteren Jahren wird über Verkäufe und Verpachtungen der Region um das alte Burggelände berichtet. Die ritterschaftliche Familie von Sperling, welche umfangreiche Besitzungen unter anderem in Flessenow, Retgendorf und Rubow hatte, pachtete bzw. kaufte von den mecklenburgischen Herzögen auch das Gelände der Burg Dobin. Nach den Akten des 17. Jahrhunderts wurde es von den Bewohnern des Dorfes Hohen Viecheln noch lange als die *Viecheler Wallberge* bezeichnet. Und selbst um 1850 werden von ihnen die Hügel der alten Burg noch immer *Wallberge* genannt.

Neben der ackerbaulichen Nutzung des Geländes entstand späterhin von Flessenower Seite her auf dem höchstgelegenen Punkt der Landenge auf dem alten Burggelände eine Holländerwindmühle (Abb. 17). Ihr genaues Baudatum ist unbekannt, aber bereits im Jahr 1807 wird sie im Mecklenburgischen Staatskalender erwähnt. Bis 1946 tat sie ihren Dienst, dann wurde die Mühle wegen Überalterung abgerissen. Nur einige Mauerreste und Mühlsteine erinnerten später noch an die lange Nutzungszeit.

*Abb. 17: Historische Mühle auf der alten Burganlage Dobin (Koslowski)*

Auf dem alten *Wallgelände*, wie das Areal der Burg im Mittelalter noch hieß, haben in den letzten Jahren Archäologen so manche Funde ausgegraben und anhand der dendrologischen Befunde von Holzteilen aus dem Verteidigungswall auch das Alter beim Bau der Burg mit dem Jahr 1147 bestätigt[6]. Suchgrabungen und Sondierungen der Archäologen bestätigten, dass das Burggelände ursprünglich aus einer höher gelegenen Hauptburg und der sehr großen Vorburg bestand, siehe auch Abbildung 8. Wenn heute Besucher zur Besichtigung über das alte Burggelände gehen, dann erinnern nur zufällige Funde von kleinen Keramikscherben, Tierknochenteilen und Feuersteinschabern an den Ruhm der alten Burg aus der Obotritenzeit.

*Abb. 18: Besucher auf dem alten Burggelände*

[6] Ettel, P.: Die Burg von Dobin. In: Mecklenburgs Humboldt: Friedrich Lisch. Lübstorf, 2001

Der hervorragende mecklenburgische Historiker Friedrich Lisch (1801 – 1883) war der Wiederentdecker der historischen Stätte Dobin in der neuen Zeit. Er würdigte um 1840 die alte Burg mit den Worten: *Die Lage von Dobin als Hauptveste scheint geographisch und strategisch in tiefer Einsicht gewählt zu sein. Der Hauptdurchgang gegen Osten hin, war in älteren Zeiten sicher in dem schmalen Landstriche zwischen dem Nordende des schweriner Sees und dem wismarschen Meerbusen gegeben. Dass die Veste Dobin hier und nicht nördlicher angelegt ward, geschah ohne Zweifel, um nicht von der Landseite her gegen den Meeresstrand gedrängt und von diesem her angegriffen zu werden.* Und so hat sich die alte Obotritenburg im Gedächtnis der Menschen über Jahrhunderte bis heute erhalten.

Am Döpeweg vor dem Gelände der Burg erinnert heute eine Gedenktafel an das Geschick der Burg Dobin (Abb. 19). Einen nebenstehenden Sagenstein haben die Mitglieder des Kulturvereins Sagenland M-V aus Schwerin hier aufgestellt, um an die bekannte Sage mit dem Schimmelreiter zu erinnern.

*Abb. 19: Sagenstein am Burgplatz (Wesolek)*

# 8. Ein neues Kapitel mit der Burg Dobin: Die Gemeinde Dobin am See

Nach der Kommunalwahl von 2004 entschieden sich die Gemeindevertreter von sieben Gemeinden am nördlichen Ostufer des Schweriner Außensees durch Fusion die neue Gemeinde „Dobin am See“ zu gründen. Sie besteht heute aus den Ortsteilen Alt Schlagsdorf, Buchholz, Flessenow, Liessow, Neu Schlagsdorf, Retgendorf und Rubow. Die Gemeinde umfasst zu diesem Zeitpunkt eine Gesamtfläche von ca. 34,8 $km^2$ und hat etwa 1990 Einwohner. Bezugspunkt und neuer Namensgeber für den Zusammenschluss der bisher selbstständigen Gemeinden ist also die alte slawische Burganlage Dobin zwischen dem Nordende des Schweriner Sees und dem kleineren Döpesee.

*Abb. 20: Gelände der alten Burg Dobin heute (Falkenberg)*

Damit endet die eigentliche Geschichte um die alte Burg Dobin und das Wissen über das Schicksal des letzten Obotritenfürsten Niklot und seiner Nachkommen. Möge die Historie aus dieser frühen Zeit den heutigen Bewohnern in steter Erinnerung bleiben.

## 9. Die Einrichtung des Niklot-Pfades

Entsprechend der überregionalen Bedeutung, welche der Obotritenfürst Niklot für das Land Mecklenburg erlangte, haben sich Mitglieder des Kulturvereins Sagenland M-V in Schwerin, die Bürgermeister der beteiligten Orte sowie der Tourismusverband Schweriner Seenland dazu entschlossen, den sogenannten Niklot-Pfad einzurichten.[7] Dieser Wanderpfad soll in Retgendorf beginnen, über Flessenow, über das Gelände der alten Burg Dobin, durch die Döpeniederung und durch Hohen Viecheln bis zur Schwedenschanze hinter Hohen Viecheln führen. Er ist von Dieter Gonsch in der Übersicht, Abbildung 21, dargestellt. Auf Hinweistafeln mit dem symbolhaft gestalteten Kopf Niklots und Erläuterungen bei den Sagensteinen erhalten die Besucher Informationen über die jeweilige Region. Ein Flyer und dieses Buch sollen helfen, das Leben des Fürsten Niklot und seiner Söhne weiter zu vertiefen.

[7] Holzmüller, G: Prospekt des Niklot-Pfades, 2017, Maschinenschrift

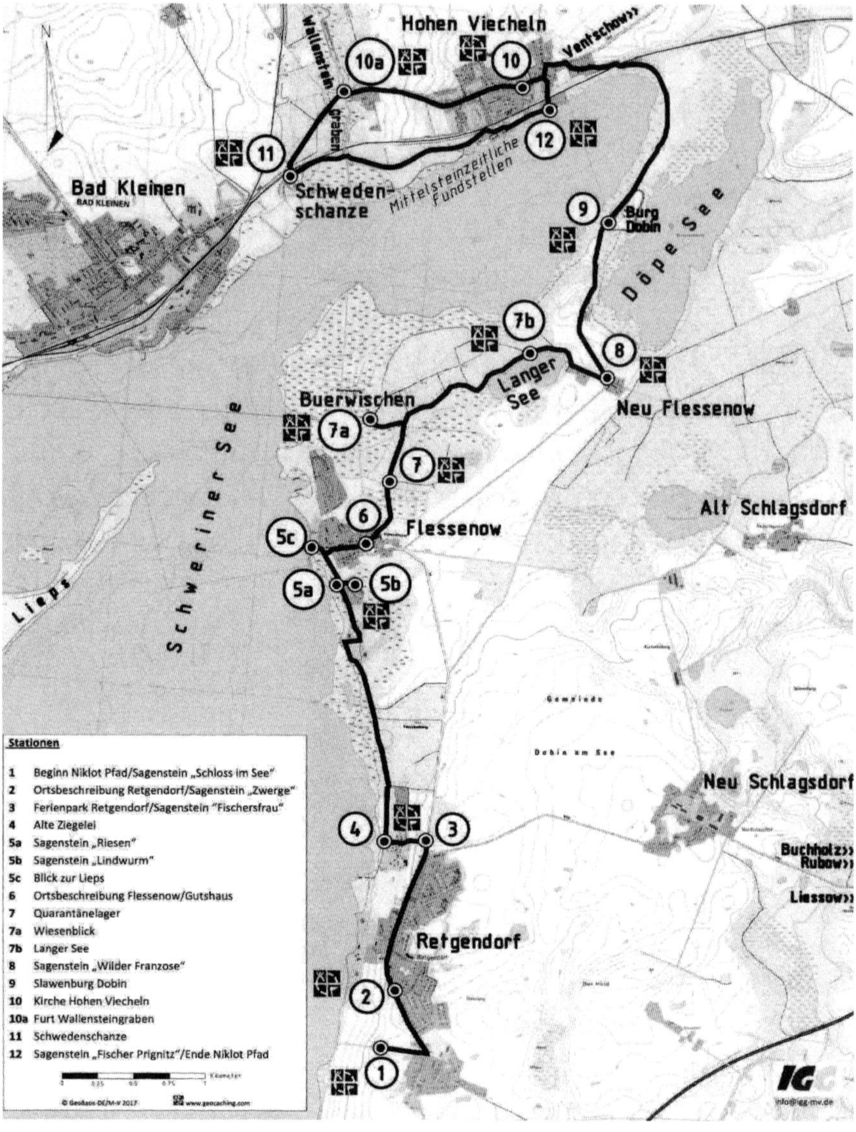


*Abb. 21: Übersichtskarte zum Niklot-Pfad (Gonsch)*

## Danksagung

Für die kritische Durchsicht der Arbeit danke ich Herrn Prof. Dr. Horst Keiling sehr herzlich. Ebenso geht mein Dank an Herrn Gottfried Holzmüller für die umfangreiche Unterstützung beim Zustandekommen dieser Schrift. Dem Heimatverband Mecklenburg-Vorpommern e. V. danke ich für die Finanzierung dieses Buches.

## Zum Autor

Dr. Heinz Falkenberg war als Diplomlandwirt während seiner Berufstätigkeit in der Tierzuchtforschung tätig. Neben seinen Promotions- und Habilitationsarbeiten hat er dabei eine Vielzahl von Artikeln für Fachzeitschriften verfasst.

Seit 1990 wohnt er in Hohen Viecheln, einem kleinen Ort am Nordende des Schweriner Sees, und hat als Ortschronist zu einer Reihe historischer regionaler Themen Beiträge publiziert. Von ihm sind neben Zeitungsbeiträgen unter anderem die folgenden Schriften erschienen: „Hohen Viecheln – 825 Jahre jung“, 2003 (Gemeinschaftsbeiträge); „Eine geschichtliche und kulturhistorische Exkursion am Nordende des Schweriner Sees“, 2008; „700 Jahre gotische Hallenkirche Hohen Viecheln“, 2010 (Falkenberg, Heske); „300 Jahre Geschichte der Fischerfamilie Prignitz“, 2015 sowie Beiträge zu dem Buch „Sagenhafte Orte um den Schweriner See“ von E. und J. Borchardt.

**Literaturverzeichnis:**

Bennöhr, E.: Geschichte des Dorfes Hohen Viecheln. Maschinenschrift, 1955

Brüske, Wolfgang: Untersuchungen zur Geschichte des Lutizenbundes. Deutsch-wendische Beziehungen des 10. – 12. Jahrhunderts. Böhlau Verlag, Köln; Wien 1983

Escher, F.: Zur politischen Geschichte der Slawen zwischen Elbe und Oder vom 10. bis zum 12. Jahrhundert. In: Slawen und Deutsche zwischen Elbe und Oder. Austellungskatalog, Berlin, 1983

Ettel, P.: Die Burg von Dobin. In: Mecklenburgs Humboldt: Friedrich Lisch. Lübstorf, 2001

Ettel, P.: Historische und archäologische Überlieferung zur slawischen Fürstenburg von Dobin in Mecklenburg. Internat. Archäologie, Bd 17, 2002, S. 53-64

Falkenberg, H.: Zur Geschichte der Burg Dobin. 825 Jahre Hohen Viecheln, 2003, S. 14-17

Falkenberg, H.: Die Eroberung des Obotritenlandes in der Zeit des Fürsten Niklot. 2010, Maschinenschrift, unveröffentlicht.

Gärtner, Gertrud: Die ur- und frühgeschichtlichen Denkmäler und Funde des Kreises Sternberg. In: Beiträge zur Ur- und Frühgeschichte der Bezirke Rostock, Schwerin und Neubrandenburg. Museum für Ur- und Frühgeschichte, Schwerin, 1969

Giesebrecht, R.: Wendische Geschichten aus den Jahren 780 bis 1182. 3. Band. Verlag R. Gaertner, Berlin, 1843

Gonsch, D.: Übersichtsplan zum Niklot-Pfad, 2017

Helmold von Bosau: Chronik der Slawen, geschrieben 1209. Neu herausgegeben Phaidon Verlag, Kettwig,1990

Herrmann, J. u.a.: Die Slawen in Deutschland. Akademie-Verlag, Berlin, 1985

Höfs, I.: Symboldarstellung des Niklot, 2016.

Holzmüller, G: Prospekt des Niklot-Pfades, 2017, Maschinenschrift

Keiling, H. : Dobin und die Taufe der 1000 Slawen. Mecklenburg Magazin, 1995

Keiling, H. : Archäologisches Freilichtmuseum Groß Raden. Museum für Frühgeschichte Schwerin, 1988

Koslowski, G.: 750 Jahre Rubow. Aus der Geschichte eines Dorfes. Rundum Verlag, Schwerin, 1992.

Lisch, F.: Die Burg Dobin und die Döpe bei Hohen Viecheln. Jahrbücher des Vereins f. mecklenburgische Geschichte u. Altertumskunde. 1840, S. 121-135

Lotter, F.: Die Konzeption des Wendenkreuzzuges. Verlag Thorbecke, Sigmaringen, 1977

Marschalk, N: Chronik der mecklenburgischen Regenten, 1520, Schwerin, Landesbibliothek

Schuldt, E.: Museum für Ur- und Frühgeschichte Schwerin, 1977

Trautmann, R.: Die Elb- und Ostseeslawischen Ortsnamen. Akademie Verlag, Berlin, Teil 1, 1948.

Unverzagt, W. u. Schuldt, E.: Ausgrabungen in den frühgeschichtlichen Burgwällen von Teterow und Behren-Lübchin im Lande Mecklenburg. Sonderdruck aus: Neue Ausgrabungen in Deutschland, Berlin, 1958

Wagner, R: Die Wendenzeit. In: Mecklenburgische Geschichte in Einzeldarstellungen, Heft II, Wilhelm Süsserott Verlag, Berlin, 1899, S. 140-169

Wigger, F.: Bericht des Ibrahim ibn Jakub über die Slawen aus dem Jahre 973. Jahrbücher des Vereins für mecklenburgische Geschichte und Altertumskunde, Jg. 45, Schwerin, 1880, S. 3-20

Witte, H.: Mecklenburgische Geschichte. Band. I, Hinstorff'sche Verlagsbuchhandlung, Wismar, 1909

## Abbildungsnachweis

Ettel, P.: Abb.1,
Falkenberg, H,: Abb. 7, 9,13, 18, 20, Foto des Autors
Gonsch, D.: Abb. 21
Höfs, I: Abb. 146
Keiling, H: Abb. 2, 4
Koslowski, G.: Abb. 17
Lisch; F.: Abb. 8
Marschalk, N.: Abb. 5, 12
Schuldt, E.: Abb. 3
Spalatin, G.: Abb. 15
Wesolek, J.: Abb. 19

Aus: Staatl. Museum Schwerin:
Bild: Theodor Schloepke: Niklots Tod, 1857, Abb.: 13

Aus: 1000 Jahre Mecklenburg:
Reitersiegel Heinrich des Löwen: Abb.: 10
Siegel des Bischofs Berno: Abb.: 11

# Inhalt